COURCELLE-SENEUIL

(1813-1892)

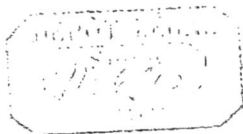

COURCELLE-SENEUIL

(1813-1892)

Maurice Blum

COURCELLE-SENEUIL

1813-1892.

Les paroles prononcées aux funérailles, les éloges écrits au lendemain de la mort, sont aussi des couronnes attachées au cercueil de ceux que nous pleurons. Depuis quelques jours à peine, Courcelle-Seneuil repose, à la place qu'il avait choisie, sous un marronnier robuste du petit cimetière de Grenelle. En signe de respect et de fidélité, ses amis ont voulu réunir les premiers hommages adressés à sa mémoire et retenir le parfum des fleurs effeuillées sur sa tombe.

D'autres rappelleront les services rendus à la science par l'écrivain, la postérité appréciera le penseur ; nous venons, dès aujourd'hui, donner à l'homme éminent qui n'est plus un témoignage de notre attachement et de notre admiration.

Que de pages se seraient ajoutées à ces pages, si nous avions pu recueillir ici l'expression de tous les regrets qui ont accompagné la fin du maître.

Les discours des représentants du *Conseil d'État et de l'Institut*, celui de M. de Molinari indiquent éloquemment le vide que laissera dans le monde de la politique et des lettres l'absence de Courcelle-Seneuil ; à ceux qui ont été admis dans la familiarité de ce sage aimable de dire quel deuil ils garderont au cœur !

A ne juger de cet infatigable remueur d'idées que par la lecture de ses livres, on risquerait de ne point le connaître assez.

Philosophe doublé d'un mathématicien, Courcelle-Seneuil était en apparence un esprit contenu et attentif, préoccupé seulement de découvrir les lois nécessaires à l'humanité ou de fixer les règles de l'organisation sociale. Au fond, ce modéré qui avoue, dans son dernier ouvrage, « avoir ressenti le frisson du poète », était un passionné, animé du plus haut souffle. Retranché dans sa conscience et pénétré du droit de proclamer la vérité, élevé au-dessus des mesquines querelles par l'étendue et la diversité de ses horizons, d'une logique inflexible, d'une indépendance de caractère immuable, prenant aussi peu de souci de la popularité que des critiques les plus acerbes, il devait rester pour le public dans une atmosphère froide et un peu brumeuse. En réalité, il avait une âme ardente, toute pleine de rayons et de flammes. Quand, au milieu de ses amis, il défendait une des causes qui lui étaient chères, ou qu'il dirigeait contre les erreurs de ses adversaires une attaque victorieuse, il avait des accès d'enthousiasme ou d'indignation que l'âge même n'avait point apaisés. Après ce mouvements, il retrouvait bientôt le calme et tempérait ensuite la vigueur de sa dialectique par l'affabilité du sourire et la douceur d'un regard voilé. Quelquefois une légère ironie se mêlait à l'expression du visage.

Comme l'auteur de l'article reproduit plus loin, à l'entendre nous pensions au fils de Sophronisque, auteur du groupe des trois Grâces, avant d'avoir Xénophon pour disciple. Ainsi que Socrate, il se plaisait à traduire sa pensée par le dialogue. Ce penchant, changé en coutume, avait fait de Courcelle-Seneuil le plus intéressant des causeurs.

Satisfait qu'on lui donnât la réplique, même en le contredisant, il s'abandonnait volontiers alors, durant de longues heures, soit à approfondir quelque problème ardu d'économie politique, soit à démanteler certains édifices pompeusement bâtis par une prétendue science officielle.

Dans ces entretiens, il revenait souvent sur le péril de transformer la démocratie française en un régime établi au profit de certaines classes privilégiées. Les lamentations, dans l'antichambre des ministres ou devant les commissions des douanes, de quelques industriels millionnaires et châtelains des plus beaux domaines de France, avaient le don de l'exaspérer. En sa fougue à défendre le libre commerce et cette idée plus large, « que l'État ne doit au peuple que l'ordre, la paix et la garantie des droits », il était impitoyable envers les docteurs empiriques qui troublent par leurs sophismes les conditions de la lutte pour l'existence. Il appelait malhabiles et aveugles ces architectes sociaux qui favorisent l'égoïsme des mauvais citoyens au mépris de la valeur des bons et ne leur pardonnait pas d'accabler de l'étroitesse de leurs calculs ce pauvre *Homme oublié* de Graham Sumner, condamné à travailler et à payer, à souffrir et à mourir, victime d'un gouvernement qui veut se dire protecteur.

Chez Courcelle-Seneuil, la défense du libre-échange était une des formes d'un patriotisme éclairé et prévoyant. Rien ne lui paraissait moins français et moins conforme à notre réel intérêt, que d'accepter une doctrine parce qu'elle était en honneur de l'autre côté de nos frontières.

L'idée de la protection n'étant pas nationale, n'ayant pas de racines dans notre sol, ne pouvait produire que de désastreux effets. Il allait jusqu'à craindre qu'elle ne nous conduisît à la guerre, pour laquelle, ajoutait-il d'ailleurs, nous devons nous préparer bravement, sans perdre de vue que le but est la paix.

De telles dispositions d'esprit le rendaient sévère à l'égard des personnages politiques qu'il savait responsables de la mauvaise direction imprimée à nos relations commerciales avec l'étranger.

Au surplus, ses idées sur les qualités nécessaires à un homme d'État étaient aussi nettes qu'élevées. En première ligne, il mettait la fermeté et la résolution au service de la Justice. Puis venaient le goût et l'habitude du travail sans lesquels un ministre est voué à l'ignorance des choses, à l'immobilité ou à la soumission aux caprices d'autrui. Dans sa droiture, il était surtout cruel pour les représentants du pays qui, montés au pouvoir sans y être forcés, soutenaient comme ministres des opinions qu'ils avaient combattues au Parlement. L'honneur de gouverner abaissé à l'invention d'expédients et de concessions, réduit à l'art de vivre, en passant au milieu des embûches parlementaires et des conflits, lui semblait la preuve d'une médiocrité méprisable. Il accusait ces prodiges de souplesse de corrompre l'esprit public et de fausser le courant de la nation, à moins qu'il ne se contentât de lever les épaules et de rire de leur incohérence : — Avez-vous revu F... depuis qu'il est ministre, lui demandait-on un jour ? « J'évite de saluer ce mauvais plaisant, répondait-il ; croiriez-vous qu'il accepte les primes à la marine marchande ! »

Tout l'homme n'est pas dans cette boutade, mais à quel point la saillie lui est propre ! Il pardonna au ministre, sans cependant lui rendre jamais sa confiance.

Un de ses meilleurs amis ayant professé, dans un discours à l'École des Beaux-Arts, que l'esthétique intéressant l'ordre public, l'État devait son concours aux artistes et à tous ceux qui propagent le sentiment du beau, Courcelle-Seneuil eut avec lui une discussion des plus vives. Il ne

voulait ni blesser son interlocuteur, duquel il se savait
vénéré, ni laisser passer sans protestation une pareille hé-
résie.

« Vous ne valez pas mieux que Rousseau, me dit-il, si
vous admettez que les gouvernements soient chargés du
bonheur des peuples. Ce fut aussi l'erreur de Fr. Bacon qui
étendait aux arts et aux richesses, *ad ornamenta et opes*,
l'action du droit public. ».

Que pouvait faire l'ami, sinon se replier en bon ordre
devant une critique enveloppée de tant de bonne grâce et
d'érudition ? Aussi, fidèle à sa doctrine, Courcelle-Seneuil
qu'une philanthrophie instinctive, autant que ses études,
disposaient à l'amour des humbles età la défense des faibles,
que son expérience pratique portait à soutenir l'activité
collective des travailleurs, ne confondit-il, en aucune cir-
constance, les conceptions sentimentales de certains réfor-
mateurs avec les véritables moyens de civilisation dans une
démocratie libre. A ses yeux, dans une nation régie par
une constitution républicaine, les prétentions basées sur
la pauvreté, trop souvent volontaire, ne sauraient être ad-
mises *a priori*. Elles sont aussi discutables que celles qui
se fondentsur la richesse ou la naissance. Nous devons, par
nos mœurs, contribuer à l'ascension des plus petits, nous
appliquer, si nous sommes riches, à prévenir et à écarter
les calamités sociales, mais ne point créer de classes, sous
prétexte de favoriser une catégorie d'individus. Sachons
nous préserver des programmes de réforme générale qui
multiplient les difficultés et déterminent toutes les coali-
tions ; fuyons surtout les « amateurs docteurs » en choses
sociales, plus redoutables qu'une épidémie.

D'autres auront eu, de leur vivant, une réputation plus
bruyante : la modestie du savant académicien ne peut,
après sa mort, que servir à sa renommée. La prochaine
génération sera depuis longtemps fixée sur l'*Organisation*

des Banques et les *Fonctions du commerce*, qu'elle relira encore les *Études morales et politiques*.

Quelques-unes des pages de la *Société moderne* sont dignes de figurer à côté des plus belles dues aux maîtres de la pensée. Écrites pour aider à la civilisation dans sa marche, non pour flatter les préjugés d'une époque, empreintes d'un noble amour de l'humanité, elles auront le sort heureux des œuvres qui portent en elles une large part de la vie même de celui qui les créa.

Quand la maladie, qui devait avoir raison de sa verte vieillesse, est venue le surprendre, Courcelle-Seneuil sortait du Conseil d'État. La veille, il s'était encore rendu à l'Académie des sciences morales et politiques ; alité et déjà brisé par la souffrance, il réclamait encore à son fils l'article commencé, laissé sur sa table de travail.

Comme tous les grands laborieux, il goûtait avec délices les heures que les siens l'obligeaient à consacrer au repos. Ceux-là seuls, souvent assis autour de sa table couverte de fleurs, témoins de ses expansions affectueuses, savent quel hôte charmant et de grande manière était ce Courcelle de Seneuil qui avait démocratisé son nom pour l'illustrer. Et quel goût sûr d'artiste avait l'économiste qui ne voulait point que l'État subventionnât les Arts ! Plusieurs fois, pendant les vacances, celui qui ne trace point ces lignes sans émotion eut l'occasion de voir Courcelle-Seneuil en Suisse, dans son cottage, en face des glaciers.

Il était là dans son élément. Cette nature imposante, la pureté de l'air, le vif coloris des plantes, l'arome des sapins exerçaient sur lui un charme intense. S'il ne modifiait pas ses opinions en changeant de climat, tout au moins sa pensée prenait-elle un tour plus allègre, un goût savoureux du terroir alpestre.

Encore qu'il n'eût aucun penchant pour la métaphysique, car la science n'a pas de prise sur l'inconnu, c'est au Grand-Chêne que je l'entendis, une fois, aborder devant quelques intimes ce que nous appelons par convention la question religieuse. Convaincu qu'il nous est plus facile de nous faire une idée de la Nature visible que de la Majesté divine cachée, notre logicien constatait l'existence des forces auxquelles nous sommes tous soumis, et admirait le pouvoir des lois universelles.

S'il proclamait ainsi que l'univers vit sur un dessein, c'est surtout en nous-même qu'il conseillait de scruter le mystère de notre destinée. « Inclinons-nous, a-t-il écrit, « devant la puissance supérieure qui donne la vie et la « retire.... Avant tout, sachons ignorer ce que nous ne pou- « vons connaître, si nous voulons tirer le meilleur parti « possible du peu qu'il nous est donné de savoir. »

Puisque toutes les tentatives pour établir l'unité de croyances entre les hommes ont échoué, ce n'est pas seulement la tolérance que nous nous devons les uns aux autres mais la reconnaissance, absolue du droit de chacun de nous en matière de religion.

Courcelle-Seneuil a su mourir comme il avait su vivre. Ses obsèques civiles ont été un dernier acte d'indépendance en face des cultes officiels.

Rigoureux pour lui-même jusqu'à l'excès, il avait des trésors d'indulgence pour les fautes de son prochain. Seuls les casuistes subtils ne trouvèrent point grâce devant lui. C'est encore un titre de gloire pour l'ami bienveillant dont nous ne perdrons jamais le souvenir.

ÉDOUARD MILLAUD.

14 juillet 1892.

OBSÈQUES ET DISCOURS

(Extrait du *Journal des Économistes.*)

L'économie politique vient encore de perdre un de ses maîtres et le *Journal des Économistes* un de ses collaborateurs les plus illustres. Courcelle-Seneuil est mort le 29 juin des suites d'un refroidissement. Quoique arrivé à un âge avancé, il avait conservé une santé robuste, et nos lecteurs savent que son intelligence était demeurée aussi vigoureuse et son style aussi ferme qu'à l'époque déjà lointaine où il commençait à nous apporter son concours. M. Tétreau, au nom du Conseil d'État, M. Georges Picot, au nom de l'Académie des sciences morales et politiques, M. G. de Molinari, au nom du *Journal des Économistes*, ont esquissé sa carrière si laborieuse et si utilement remplie. Nous nous bornons à reproduire leurs discours, en attendant qu'un de nos collaborateurs puisse faire une étude complète de l'œuvre de Courcelle-Seneuil et apprécier les services qu'il a rendus à la science.

Les obsèques civiles de Courcelle-Seneuil ont eu lieu le 1ᵉʳ juillet à 10 heures. A la maison mortuaire, 70, rue de l'Assomption, un détachement du 36ᵉ de ligne rendait les honneurs militaires. M. Léopold Courcelle-Seneuil, fils du défunt, conduisait le deuil. Tenaient les cordons du poêle : MM. Laferrière, vice-président du Conseil d'État; Tétreau, président de section au Conseil d'État; Georges Picot et Paul Leroy-Beaulieu, membres de l'Institut; Édouard Millaud, sénateur; de Molinari, rédacteur en chef du *Journal des Économistes;* René Acollas, conseiller à la Cour des comptes; Bailly, maître des requêtes au

Conseil d'État. Dans l'assistance, on remarquait MM. Ricard, Jules Simon, Léon Say, Maurice Block, Alphonse Courtois, de Foville, Lamé-Fleury, Ernest Brelay, Joseph Chailley-Bert, André Liesse, Ducrocq, Coulon, Cazelles, Roussel, vice-amiral Gervais, général Mojon, Colonna-Ceccaldi, Camille Sée, Herbette, du Mesnil, Braun, Duval, Schnerb, Jacquin, Marguerie, Chante-Grellet, Yves Guyot, Roujon, Kaempfen, Vacherot, Vavasseur, Clamageran, Martha, Liotard, Vogt, Vergniaud, Ott, etc.

L'inhumation a eu lieu au cimetière de Grenelle.

★
★ ★

Discours de M. Tétreau, *président de la section de Législation, de la Justice et des Affaires étrangères au Conseil d'État.*

Messieurs, celui que nous venons d'accompagner à sa dernière demeure écrivait, il y a quelques mois à peine, en tête de ses *Études morales et politiques sur la Société moderne*, une page émue que je n'avais pas lue sans tristesse et que je veux rappeler, parce qu'elle contient un suprême témoignage des vertus particulières qui furent le culte de toute la vie de Courcelle-Seneuil.

« J'ai essayé dans ces études, disait-il, d'exposer à nouveau, de rapprocher et d'expliquer encore des principes trop méconnus aujourd'hui. J'ai cru quelquefois entrevoir des horizons nouveaux et j'ai senti le frisson du poète.... Ces études contiennent la répétition de vérités qui m'ont semblé plus importantes que les autres et auxquelles je suis revenu, comme on revient par divers chemins aux étoiles d'une forêt que l'on explore. J'avais espéré faire un livre meilleur; mais, après avoir usé ma vie à le préparer, je n'ai plus eu le temps de l'écrire et je passe outre.... La forme n'importe, en définitive, qu'à la réputation de l'auteur et à la durée de l'ouvrage; le fond seul est utile et, si quelque jour le public est disposé à en accepter la doctrine, les vulgarisateurs ne manqueront pas. »

N'avais-je pas raison de le dire, Messieurs, l'homme n'est-il pas tout entier dans ces quelques lignes, les dernières qui soient tombées de sa plume? N'y retrouvons-nous pas son ardent amour de la vérité, ses efforts incessants pour ajouter quelque parcelle au trésor de connaissances qui accompagne le genre humain dans le cours de son existence, et jusqu'à cet abandon de sa personnalité qui faisait, d'un des hommes les plus éminents de la science économique, le plus modeste d'entre nous?

Au nom du Conseil d'État, auquel Courcelle-Seneuil appartenait depuis 1879, je viens apporter ici le tribut des profonds regrets que nous cause cette grande perte, ainsi que le témoignage de la sincère admiration que nous inspire une existence si bien remplie et dont je vais essayer de vous retracer à grands traits les principaux événements, tâche assez difficile, puisqu'il me faut parler d'un sage qui semblait avoir pris pour devise : Cache ta vie !

Courcelle-Seneuil est né le 22 décembre 1813, à Vanxains, petit village de la Dordogne.

Je ne sais s'il est vrai qu'il songea d'abord à une carrière commerciale; ce que je puis affirmer, c'est qu'entré à l'École de droit à dix-neuf ans, l'étude des principes et des institutions fondamentales de la société le passionna immédiatement, comme elle avait passionné la France à la fin du siècle dernier.

« Les préoccupations que j'avais à cette époque, a-t-il dit dans sa *Préparation à l'Étude de droit*, ont déterminé la direction de mes études. » Et il se consacra, dès ce moment, à l'économie politique, cette science nouvelle ou plutôt quelque peu dédaignée alors, et qui depuis a su prendre sa revanche et conquérir la place qui lui appartient désormais dans toutes nos sociétés modernes.

Personne n'a mieux défini que Courcelle-Seneuil le puissant intérêt qu'elle présente, quand il nous la montre « pénétrant la structure de la volonté humaine, signalant et dégageant des faits nos inclinations naturelles, et constatant les rapports nécessaires qui existent entre le genre humain et le monde extérieur, en même temps qu'entre chaque individu et ses semblables »

Dès ses premiers travaux, l'attention était appelée sur cet esprit profondément honnête, souverainement indépendant, adversaire acharné des abus, défenseur énergique des libertés nécessaires, et ne demandant qu'à l'observation raisonnée la solution des problèmes difficiles dont l'étude l'avait si vivement attiré.

Une voix plus autorisée que la mienne vous rappellera tout à l'heure cette longue liste de travaux qui, commencée en 1833, se continuait encore au début de cette année par la publication d'un ouvrage important.

Qu'il traite du Crédit ou des opérations de banque, des entreprises industrielles ou de la Science sociale, de l'Économie politique ou du Socialisme et de la Liberté, partout, en France comme à l'étranger, ses ouvrages sont accueillis avec une faveur croissante et son autorité grandit avec le temps. Républicain convaincu bien avant 1848, Courcelle-Seneuil est nommé, après la révolution de février, directeur général de l'administration des Domaines, à titre provisoire ; puis, l'Empire rétabli, il quitte la France et va enseigner l'Économie politique au Chili, où le souvenir de cet enseignement et la dignité de sa vie ont laissé une profonde et toujours vivante impression.

La place de Courcelle-Seneuil était au Conseil d'État : déjà, en 1870, il avait été désigné comme membre de la Commission provisoire chargée de remplacer le Conseil d'État impérial, mais il n'avait pu prendre possession de son siège; il fut nommé conseiller d'État le 14 juillet 1879, et le reste de cette existence, si utilement remplie jusque-là, fut digne de la première partie de sa vie; j'en atteste, Messieurs, vos souvenirs et les travaux qu'il nous a présentés au nom de la section de Législation, à laquelle il n'a jamais cessé d'appartenir depuis son entrée au Conseil.

Dès son arrivée parmi nous, il se signalait par son Rapport sur la loi des faillites et cette œuvre importante lui faisait le plus grand honneur.

Plus tard, il rédigeait le Rapport et le projet qui devint la loi du 30 mars 1887, relative à la conservation des monuments et objets ayant un caractère historique ou artistique.

Cette loi venait combler une lacune de notre législation et assurer enfin à nos monuments menacés, compromis ou détruits, la protection à laquelle avait droit cette partie si intéressante et si considérable de notre patrimoine national.

Plus récemment encore, Courcelle-Seneuil nous présentait une œuvre digne de ses meilleurs travaux, et par l'importance du sujet et par les solutions qu'il fit adopter; je veux parler du Rapport et du projet de loi sur la Protection de l'Enfance abandonnée ou maltraitée.

J'ai tenu, Messieurs, à rappeler entre autres ces travaux importants, pour montrer la grande part que notre cher et vénéré collègue prenait à l'œuvre élaborée par le Conseil d'État, tout en poursuivant ses études personnelles sur toutes les questions actuellement à l'ordre du jour. Et je ne dis rien de son assiduité à nos séances, de sa participation à nos discussions de l'Assemblée générale; je ne dis rien non plus de ces nombreuses commissions dont il était membre ou qu'il présidait.

Ces travaux ne lui suffisaient pas : sa porte était toujours ouverte à ceux qui avaient besoin de recourir à son expérience et à ses conseils.

Un seul trait vous fera connaître jusqu'à quel point il poussait le dévouement et la bonté : il aimait la jeunesse, particulièrement celle qu'il voyait attentive et studieuse, groupée autour de nous et se préparant silencieusement à l'avenir; quelques-uns de nos collaborateurs, désireux de s'instruire, lui demandèrent un jour de rechercher avec lui la solution de ces problèmes à l'étude desquels il avait consacré sa vie; ils vous diraient, si vous les interrogiez, avec quelle joie il les accueillit, avec quel empressement il se mit à leur disposition, avec quelle ardeur il se remit, pour eux, à un enseignement presque paternel et dont il se trouvait largement payé par leur attention, leur reconnaissance et leur respectueuse affection.

Et si j'ajoute que la plupart d'entre nous ont toujours ignoré ce dévouement si discret qui s'est prolongé pendant des années, n'aurai-je pas montré, par ce trait d'une exquise et touchante délicatesse, ce que valait le collègue et l'ami que nous avons perdu ?

Membre de l'Académie des sciences morales et politiques depuis 1882, officier de la Légion d'honneur, doyen du Conseil d'État, Courcelle-Seneuil, qui, par sa bienveillance, sa modération et sa courtoisie, avait obtenu sans peine les amitiés auxquelles il avait droit, s'était attiré le respect de tous par sa probité professionnelle, la fermeté de son jugement et l'indépendance de ses votes.

Simple et modeste, toujours prompt à s'effacer, toujours prêt à l'accomplissement des tâches les plus difficiles, notre collègue, qui siégeait à nos côtés il y a quelques jours à peine et dont nous avons appris en même temps l'absence, la maladie et la mort, nous laisse l'exemple du citoyen d'élite dont il a autrefois si heureusement défini les devoirs. Le pays, le Conseil d'État, les amis de Coureelle-Seneuil, son fils, qui porte dignement son nom justement honoré, tous ont le droit d'être fiers de lui.

Pour nous qui l'avons connu et apprécié, qui avons entouré sa robuste vieillesse de notre affection et de notre respect, nous garderons pieusement le souvenir de ce véritable homme de bien.

★
★ ★

Discours de M. GEORGES PICOT, *président de l'Académie des Sciences morales et politiques.*

Messieurs, l'Académie perd, en M. Courcelle-Seneuil, un économiste qui avait le respect de la science, un travailleur qui ne connaissait pas la fatigue, un défenseur des droits de la personne humaine que n'ont détourné de ses convictions aucune des théories en vogue.

Né le 22 décembre 1813, il appartenait à une de ces vaillantes familles du Limousin (1) qui partageaient leurs efforts entre la culture de leurs domaines et l'éducation de leurs enfants. A l'âge où l'adolescent entre au collège, il avait déjà appris sous la direction de son père, à l'exemple de ses frères, au milieu de cette activité agricole dont il ne perdra jamais la mémoire, ce qui constitue le secret incomparable de la vie, la valeur du travail.

Il ne l'a jamais oublié, ni au cours de ses études classiques, ni dans les persévérances de ses entreprises, ni dans les recherches scientifiques qui ont honoré sa carrière.

La révolution de Juillet avait surexcité l'esprit du jeune homme sans le satisfaire. Attiré peu de temps après à

(1) Du Périgord.

Paris, il se lia avec Armand Carrel et trouva autour de lui tout un groupe de gens dont il était prêt à comprendre les aspirations et à partager les mécontentements.

Mêlé aux journalistes, commençant à écrire dans les feuilles républicaines, il ne revint dans son pays d'origine que pour créer des hauts fourneaux, au développement desquels il consacra plusieurs années. La révolution de 1848 vint clore sa carrière industrielle et réaliser tous ses rêves.

Nous retrouvons à Paris le journaliste traitant, auprès de ses amis arrivés au pouvoir, la question financière, ne s'en détournant que quelques mois pour remplir le poste de directeur général des Domaines et revenant avec joie à ses études, à ses polémiques d'économiste.

Le coup d'État brisa soudainement la plume du journaliste, M. Courcelle-Seneuil s'en vengea en faisant des livres. Ce qu'il avait amassé lui permit de publier en deux ans deux ouvrages qui le firent sortir de l'obscurité.

Le *Traité théorique et pratique des opérations de banque* parut en 1853. Le *Traité théorique et pratique des entreprises industrielles, agricoles et commerciales,* ou *Manuel des affaires*, porte la date de 1854. Le premier répondait aux besoins avec tant de précision et de clarté que six éditions n'en épuisèrent pas le succès ; le second est le livre le plus original qu'ait écrit notre confrère : persuadé que du ralentissement de l'activité naît le déclin d'une nation, animé du désir de susciter l'initiative, voulant montrer à l'homme ce qu'il doit et ce qu'il peut, l'auteur mêle heureusement à des théories justes les notions que son expérience lui a permis de recueillir. Ce livre, parvenu à sa quatrième édition, sera consulté tant que les hommes sentiront en eux le besoin d'agir pour créer, de centupler leurs forces, de mettre en valeur leurs capitaux et leur intelligence.

M. Courcelle-Seneuil avait hâte d'agir : le succès de ses livres ne le consolait pas des événements publics. Les jours d'épreuve lui imposaient de dures nécessités : il accepta de s'expatrier. Il alla professer à Santiago l'économie politique. Il revint du Chili après plusieurs années, ayant été mêlé à de grandes affaires et n'ayant cessé d'étudier les phénomènes économiques.

Il se remit à écrire : les articles de journaux ne l'empêchèrent pas de publier des livres. Ni les événements, ni la guerre, ni les travaux du Conseil d'État n'arrêtèrent son activité. Son *Traité d'Economie politique,* son livre sur *la Liberté et le Socialisme*, ses *Etudes sur la science sociale* avaient établi sa compétence lorsque vous l'avez appelé à siéger parmi vous.

Il est demeuré fidèle aux causes qu'il avait toujours défendues. La liberté du travail l'a trouvé sur la brèche jusqu'à sa dernière heure. Il n'a déserté aucune de vos discussions économiques. Loin de restreindre le champ de ses études, il s'appliquait à l'étendre chaque jour. Si le tour un peu géométrique d'une pensée qui était attirée vers les méthodes des sciences exactes surprenait parfois ses contradicteurs, si l'on se sentait en désaccord avec lui sur les matières étrangères à l'économie politique, quand il revenait à ses questions de banque, d'échanges, qui avaient fait l'étude de sa vie, quand il attaquait le socialisme et ses conséquences, chacun respectait sa science. Il devait prendre la parole sur le change à votre prochaine séance. Il a été foudroyé en pleine production de l'esprit.

L'Académie portera le deuil de ce confrère savant et actif, toujours prêt au travail, qui a connu les revers, supporté les épreuves, et dont les convictions politiques et économiques n'ont pas varié avec la fortune.

Discours de M. G. DE MOLINARI, rédacteur en chef
du *Journal des Economistes*.

Permettez-moi d'ajouter aux éloquents discours que vous
venez d'entendre quelques mots au nom du *Journal des
Economistes*, dont Courcelle-Seneuil était un des plus
anciens et des plus fidèles collaborateurs. Courcelle-Seneuil
a été et restera un des maîtres de l'écomonie politique, et
le digne continuateur des Turgot, des J.-B. Say, des Dunoyer,
des Bastiat. Il n'avait pas pris la voie habituelle pour arriver
à la science. Au lieu d'étudier d'abord la théorie, il avait
commencé par la pratique. C'est la pratique qui lui a fait
sentir le besoin de la théorie et lui en a donné le goût. Il
avait débuté par les affaires, et son esprit observateur l'avait
naturellement porté à chercher les principes qui gouvernent
les faits. Il compléta alors par l'étude des maîtres ses
propres observations ; il traduisit avec Hipp. Dussard le
Traité d'économie politique de Stuart Mill. Mais il n'excel-
lait pas seulement à traduire la pensée d'autrui, il pensait
par lui-même. Pendant son passage dans le monde des
affaires, il avait pu constater les effets malfaisants des mo-
nopoles, des protections et des réglementations et il était
devenu le partisan réfléchi et résolu de la liberté de l'industrie, du commerce et du crédit. Déjà, en 1840, il avait
publié un ouvrage qui a gardé, après un demi-siècle, son
caractère d'actualité : il s'agissait des réformes à introduire
dans l'organisation de la Banque de France. Il a écrit plus
tard un autre livre : *La Banque libre*, dans lequel il appor-
tait les arguments les plus forts, — on pourrait dire les
arguments classiques en faveur de la liberté des banques.
Mais tout en combattant le privilège, il se montrait impitoyable pour l'utopie de la gratuité du crédit. Je me sou-

viens qu'en 1863, lorsqu'on nous accorda la liberté des réunions publiques, un de nos amis communs, M. Horn, organisa des conférences contradictoires dans l'espoir assez naïf de convertir les socialistes. On discuta longuement la question de la légitimité de l'intérêt, et Courcelle-Seneuil prit une part des plus actives à ce débat. Il n'ignorait pas que ses idées, en cette matière comme en bien d'autres, n'étaient pas en faveur auprès du public de nos conférences, mais il ne s'en inquiétait pas. Ce qu'il cherchait c'était la vérité, et il ne s'est jamais préoccupé de savoir si elle était populaire ou non. Ai-je besoin d'ajouter qu'aucun intérêt ne lui paraissait supérieur à celui de la vérité — pas même un intérêt électoral ? Quoiqu'il eût des convictions républicaines très arrêtées, il n'avait aucun goût pour la politique. Ses qualités mêmes l'y rendaient peu propre. Il a été, avant tout, un homme de science. Le *Journal des Économistes* l'a compté pendant quarante ans au nombre de ses collaborateurs les plus assidus. Son premier article est du mois de décembre 1852, le dernier du mois de mai de cette année. Au commencement de l'année dernière il nous donnait sous ce titre : *Un livre à faire. L'antiprotectionniste*, un plaidoyer plein de vigueur contre la politique rétrograde de l'isolement commercial. Seulement, il oubliait de dire que le livre n'était plus à faire : il l'avait fait.

Pendant quarante ans, que dis-je ! pendant soixante ans, car son premier ouvrage date de 1833, Courcelle-Seneuil a combattu avec énergie les fausses théories économiques, le protectionnisme d'en haut aussi bien que le socialisme d'en bas. Il était de ces hommes rares qui ont des principes et de ces hommes plus rares encore qui leur demeurent fidèles. Il laisse un nom honoré, un bon exemple, et une œuvre utile.

UN SAGE AU XIXe SIÈCLE

(Extrait de la *Nouvelle Revue*)

Une belle figure vient de disparaître, figure puissante, droite et ferme. L'homme fut un exemple. J'essayerai sinon de tracer un portrait nuancé que ne comporte guère le cadre étroit de cet article, au moins de donner l'impression du penseur, de l'écrivain ; d'indiquer ce que deviendra son œuvre, plus connue demain que ne l'était hier l'auteur.

Courcelle-Seneuil est né à Vanxains (Dordogne) en 1813 ; il fit d'abord son droit, s'établit à Limoges et employa son activité dans une industrie métallurgique que du reste il abandonna pour le journalisme et l'étude pure. Alors il fonda le *Persévérant*, et fut nommé plus tard, en 1848 directeur de l'Enregistrement et des Domaines. Mais il resta peu de temps à ce poste et les conséquences du coup d'État lui firent accepter l'offre du gouvernement chilien d'ouvrir un cours d'économie politique à l'Institut national de Santiago. De professeur, Courcelle-Seneuil devint conseiller du gouvernement en matière financière et négocia les deux gros emprunts Morgand et Baring. Au retour, en 1862, il reprit sa place dans le journalisme, et refusa la direction du Comptoir d'escompte à sa fondation. Il écrivit au *Temps*, à la *République française*, au *Journal des Economistes*, etc. Enfin, lors de la réorganisation du Conseil d'État en 1879 il fit partie de cette assemblée, et en 1882 l'Institut voulut le compter parmi ses membres.

Existence remplie ! existence de travail sans intrigue, sans compromission, sans bruit, Courcelle-Seneuil vivait solitaire, en sage, et, parvenu aux honneurs, apprécié, estimé même de ses adversaires, on le voyait peu répandu dans le public. Pourtant il était amène, d'un abord facile ; jamais homme ne fut moins poseur, et il savait écouter !

« L'ermite de Passy, » comme aimaient à l'appeler familièrement ses disciples demeurés fidèles, n'aspirait pas à l'éclat de la rue, réservant toutes ses forces pour la grande ambition, pour le combat de l'erreur, de l'injustice, du despotisme d'où qu'il vînt. Non qu'il crût détenir la vérité, son esprit se refusait à toute religiosité : mais le monde est assez vieux pour que l'on soit fixé sur certaines questions, pour que sur ces questions des expériences ne soient plus à tenter, pour que l'affirmation de tels principes ne soit pas suspendue jusqu'à nouvelle démonstration de ce que doit savoir quiconque a étudié, donné attention à la vie et aux choses, réfléchi.

Par la forme, l'œuvre de Courcelle-Seneuil n'est pas de celles qui puissent attirer la foule : rien du *suaviter in modo*. Le fonds est peu accessible à des hommes entraînés par le *struggle for life* et qui s'imaginent n'avoir pas de temps à perdre aux idées pures, à la théorie ; qui ne voient pas dans la théorie l'application possible sans laquelle elle serait imagination, littérature, spéculation. Théorie et spéculation deux termes éternellement confondus lorsqu'on part en guerre contre les théoriciens ! La théorie conduit à l'art et le dirige, elle n'est pas du domaine de l'irréel. Voyez le Traité des opérations de banque — il a eu huit éditions (et des éditions de 4.000) — n'est-il pas devenu le livre classique des gens d'affaires ?

C'est par l'art (la pratique) que Courcelle-Seneuil est arrivé à la théorie, tant les deux expressions du labeur humain sont intimement liées, et l'esprit philosophique brisant les liens qui ne sauraient l'enchaîner.

Puissante est la manifestation de sa pensée ! immense l'œuvre, et par elle-même et par la fécondité de ses résultats,

Courcelle-Seneuil est essentiellement un remueur d'idées, un suggestif ; son cerveau puissamment organisé fabriquait la pensée comme une usine fabrique des produits. On y sent la force. Inutile de chercher en lui un de ces intéressants spéculatifs vibrant à tout, entraînant l'imagination :

c'est un esprit scientifique qui ne s'écarte point de la route tracée si ce n'est pour s'élever, planer, et en philosophe saisir l'ensemble. Intelligence droite et saine, *fortiter in re*, jamais il ne perdait de vue le but poursuivi, jamais il ne prenait pour l'atteindre de chemins détournés.

Courcelle-Seneuil sera un des hommes les plus consultés de notre époque. Aujourd'hui il compte peu de disciples, demain tous se feront gloire de procéder du maître. Un entre autres, parmi les jeunes, le représente franchement; aussi Courcelle-Seneuil avait-il pour lui cet amour intellectuel profond, élevé, qu'on rencontre chez les esprits véritablement supérieurs. A celui-là d'être le continuateur vivant de sa pensée. Il a brillamment inauguré sa tâche; il aidera à faire connaître au travers de sa personnalité celui que nous regrettons.

Les travaux économiques de Courcelle-Seneuil en font le descendant des Turgot, des J.-B. Say et l'avaient classé, à l'Institut, dans la section d'économie politique; mais il appartenait à toutes les branches des sciences morales et politiques.

L'œuvre ne comprend pas seulement *la Banque libre*, le *Traité théorique et pratique des opérations de banque*, celui des *Entreprises industrielles et commerciales*, les deux *Traités d'Économie politique*; mais encore, *l'Héritage de la Révolution*, *Liberté et socialisme*, les *Études sur la science sociale*, le *Précis de morale rationnelle*, la *Préparation à l'étude du droit*. Son dernier volume, *la Société moderne*, est, me disait-il dernièrement, son testament intellectuel, l'introduction à une série d'ouvrages que non seulement l'âge ne lui permettait pas d'entreprendre, mais pour lesquels la vie d'un homme ne peut suffire; son ambition était qu'il pût servir de plan, de cadre, aux jeunes épris de l'amour de l'étude pour l'amour des sociétés civilisées et la gloire de l'intelligence humaine.

Comme les maîtres de l'antiquité, comme Socrate, auquel il ressemblait par tant de points, Courcelle-Seneuil aimait à s'entourer d'une jeunesse attentive, à penser haut devant elle, et s'excitait à l'éclosion de la vie intellectuelle : faire jaillir l'idée sous son impulsion, c'était une joie intime et la récompense de son effort.

« La plus haute fonction du citoyen est de concourir par
« ses paroles et ses écrits à la formation de l'opinion pu-
« blique sur les doctrines, sur les institutions et sur les
« personnes. Dans l'exercice de cette fonction le premier
« devoir est la sincérité qui consiste à ne dire que ce qu'on
« croit; mais la sincérité ne suffit pas : il faut réfléchir avant
« de croire, réfléchir avant de parler et d'écrire, et mesurer
« avec attention la portée de ce qu'on dit. »

Le philosophe a rempli son devoir jusqu'à la dernière heure.

M. de Molinari a fait ressortir, dans un discours vrai, que jamais ni l'homme ni l'écrivain n'avait transigé avec ses principes. En effet, Courcelle-Seneuil estimait que le politique devait suivre la ligne droite, mais sans croire qu'il se trouvât beaucoup d'amants les yeux fixés sur cette ligne de géométrie et de morale. Plus confiants en l'avenir, espérons que les politiques, les uns par conviction et conscience, les autres par intérêt, démentiront les prévisions pessimistes du penseur.

C'était un républicain d'avant 48, de ces républicains non de parti mais d'idées, et qui, n'ayant foi ni dans les mots, ni dans les hommes, ne peuvent être atteints par la désillusion, contrairement à d'autres qui arrivent au scepticisme, non seulement sur les hommes, mais sur les idées, parce qu'ils adoptent tout sans réfléchir. Les événements ne pouvaient faire varier l'écrivain ; il est resté fidèle au programme de « *l'Héritage de la Révolution* ».

« Liberté individuelle, liberté religieuse et philosophi-

« que, liberté des cultes, liberté de réunion et de discussion
« orale ou écrite, liberté de l'enseignement, liberté du tra-
« vail, des échanges et des contrats, respect et défense de
« la propriété acquise par le travail, l'échange et l'héritage
« légitime, administration des intérêts locaux par les habi-
« tants des localités, réduction de l'armée permanente,
« armement de la nation, suprématie du pouvoir légis-
« latif, et indépendance réelle et complète du pouvoir ju-
« diciaire. »

Ces questions avaient été « soumises à l'épreuve de
longues et consciencieuses discussions où elles se sont
éclairées et confirmées. » En effet, de concert avec un de ses
amis, il avait organisé un comité d'étude, composé de dix-sept
personnes, qui fonctionna de 1866 à 1868 et dont les séances
eurent lieu rue d'Amsterdam et rue Monsieur-le-Prince.

Dans la suite on ne l'écouta plus ; peut-être ne le com-
prenait-on plus.

Voltaire a dit : « Quand on s'écarte du jargon on est
accusé d'athéisme par les fanatiques et par les fripons et
condamné par les sots. » Le maître n'a pas craint de s'écarter du « jargon » toute sa vie ; mais comme son caractère
était inattaquable il ne fut pas condamné, seulement étouffé...
d'estime, tenu pour utopiste, rêveur, théoricien. L'avenir
jugera différemment.

Cette nature d'esprit le mit dans la nécessité de combattre
non le gouvernement lui-même, mais les idées d'un grand
nombre de ceux qui l'occupèrent et faiblirent soit sur l'ensemble des doctrines, soit sur des points particuliers. Il ne
pouvait admettre qu'on sacrifiât la liberté ou qu'on en re-
culât l'application par de vaines considérations de moment ;
qu'on masquât la vérité pour des intérêts personnels ou de
parti : il ne disait pas comme Cicéron parlant de Platon :
« *cum quo errare malim quam cum aliis recte sentire* ». Lui
n'a jamais appartenu à une coterie.

Un républicain ne peut être libéral dans l'opposition, au-

toritaire au pouvoir ; la liberté n'est pas un moyen pour
arriver : elle est fin par elle-même, et les mesures libérales
doivent être dictées non par honte d'une contradiction écla-
tante avec le passé dont se froisserait une honnêteté naïve,
mais par amour de la justice et de la liberté.

« L'homme d'État doit connaître et vouloir la justice,
« la soutenir avec une indomptable fermeté.... La fonction
« rationnelle du gouvernement est de maintenir la justice
« ou plus exactement de défendre les gouvernés contre
« l'injustice. »

« Le bonheur social consiste à ce que chacun vive garanti
« contre les entreprises de ses semblables en sécurité et en
« paix. On obtient la paix et la sécurité, pour le plus grand
« nombre possible, par la liberté. »

Mais « l'injustice ne meurt pas facilement dans le cœur
« de l'homme, tous veulent la justice » — de même la
liberté — « si elle leur est avantageuse, » quelques-uns la
comprennent, peu la pratiquent. Courcelle-Seneuil disait
encore « liberté égale, non liberté, égalité, là est la justice ».
Aussi avait-il horreur de toute loi d'exception : la loi
qui n'a pas en vue l'intérêt général n'est pas une loi.

Certains de nos hommes d'État, par l'action, des hommes
comme Courcelle-Seneuil par la pensée, par les idées pro-
fessées autant que par un exemple de vie, détruisent les
germes morbides que développent l'inconsistance intellectuelle, le manque de caractère, l'absence d'éducation morale. Ils arrêtent la course au néant.

René Acollas.

Bibliographie des ouvrages de J.-G. Courcelle-Seneuil.

Lettres à Édouard sur les Révolutions. s. d.; [1833].

Le Crédit et la Banque. Étude sur les réformes à introduire dans l'organisation de la Banque de France et des banques départementales, contenant un exposé de la constitution des banques américaines, écossaises, anglaises et françaises. Pagnerre, in-8°, 1840.

Traité théorique et pratique d'économie politique. Hachette, 2 vol. in-12, 1858-59.

Études sur la Science sociale. Guillaumin, in-8°, 1862.

Traité théorique et pratique des opérations de banque. Guillaumin, 1867, in-12.

Leçons élémentaires d'économie politique. Id., id., in-12.

Traité sommaire d'économie politique. Id., id., in-18.

Manuel des affaires, ou Traité théorique et pratique des entreprises industrielles, commerciales et agricoles. 1856, Guillaumin, in-8°.

Traité théorique et pratique d'économie politique, 4e édit. Id., 1890.

Agression de l'Espagne contre le Chili. Dentu, in-8°, 1866.

Cours de comptabilité, Ire à IVe années. Hachette, 4 vol. in-12, 1867.

La Banque libre, exposé des fonctions du commerce de banque et de leur application à l'agriculture, suite de divers écrits de controverse sur la liberté des banques. Guillaumin, 1867, in-8°.

Liberté et Socialisme, ou discussion sur les principes de l'organisation du travail industriel. Id., 1868, in-8°.

L'Héritage de la Révolution. Questions constitutionnelles. 1871, in-8°.

Précis de morale rationnelle. 1875, in-32.

Protection et libre-échange. 1879, à « la Réforme », in-8°.

Préparation à l'étude du droit. Étude des principes. Guillaumin, 1887, in-8°.

Adam Smith. Id., 1888, in-12.

La Société moderne; études morales et politiques, 1892. Id., in-18.

Il a traduit seul : L'ancien droit de Sumner Maine; Des devoirs respectifs des classes de la société, de Graham Sumner; avec Dussard, les Principes d'économie politique, de Stuart-Mill; publié une introduction à l'ouvrage de Ch. Coquelin sur le crédit et les banques, et fourni nombre d'articles au Dictionnaire d'Économie politique, au Journal des Économistes, à la Nouvelle Revue, etc.

Edm. R.

Paris. — Typographie A. DAVY, 52, rue Madame. — Téléphone

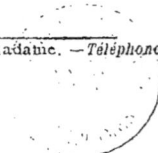

L22 i)

4.13n

www.ingramcontent.com/pod-product-compliance
Lightning Source LLC
LaVergne TN
LVHW022038080426
835513LV00009B/1117